Heart Healing Cards 2

療心卡 ❷

【說明手冊】

周詠詩◎著
洪筱筑◎繪

目錄

———

拎一串鑰匙：與療心卡 2 相遇

2010 年，療心卡問世。

同時，設計者周詠詩也已經建構了另外 40 張的牌義。也就是療心卡 2。

兩者的差別在於，療心卡 1 的心理狀態更靠近自己一個人的內心世界。而療心卡 2 則更著重在人際關係裡的內在風貌。

如同關係上的衝突疏離，無論是友情、愛情、親情，正因為是我們在意的人，也可能是最親近的人，所以更容易帶來心理的傷。

而療心卡 2 就像是一面映照出關係當前樣貌的鏡子，在遇到難解的關係課題時，可以藉由同時性的原理，讓療心卡 2 成為打開人際關係的鑰匙，讓我們更清楚彼此的期待，雙方的舊有模式，進而找到促進關係的方法。

正因為問題往往隱含著解決之道，光明與陰暗其實是一體的兩面。療心卡 2 針對關係，有一半的親密組，及一半的衝突組。親密組的牌卡可作為促進關係的養分與力量。衝突組的牌卡則顯示目前關係的困境與阻礙。每張牌卡除了中文的牌義，特別加註英文的說明，可供華語以外的地區使用。

療心卡 2 適合一個人獨處時，進行釐清與看見。更適合兩個人或在關係裡的對話與探索。也可以作為助人工作者陪伴個案，或伴侶家庭跟帶領團體的法寶。

療心卡 2 也可以跟療心卡 1 一起搭配使用。無論是先用療心卡 1 進行自我探索，再用療心卡 2 進行關係療癒。或者將 84 張牌卡，

一起混合使用，都能映照出關係裡的獨特樣貌。

就讓療心卡 2 成為一份禮物與祝福，透過內容豐富的牌義與柔美的圖像，將心靈的語言編織成動人的詩歌，演繹出每一份關係中的脆弱與連結。

認識守門人

療心卡 2 的設計者

♥ 周詠詩。

♥ 現任「好心晴工坊」創辦人，社團法人台灣文創牌卡教育推廣協會理事長。曾擔任過高中輔導老師、中輟學園社工主任、早療中心社工師等。

♥ 為高考社工師、美國 N.G.H. 催眠師、阿卡莎脈輪花精諮商師、Voyager Tarot 領航者塔羅國際教練、美國禪繞教師認證（CZTAsia02）、美國 SoulCollage® 心靈拼貼指導員、日本和諧粉彩正指導師、美國圓圈畫基礎導師、美國大集繪基礎導師、韓國 KCCA 線香師。

♥ 擅長心靈牌卡會談教學，具催眠、藝術治療、家族排列、芳療精油等身心靈療癒經驗。

♥ 著有：《療心卡》、《Fun 心卡》、《Fun 心福卡》、《知心卡》、《心靈牌卡私房書》、《聊心話大冒險》、《心靈牌卡 X 團體運用》、《粉彩 Fun 心畫》。

♥ 目前專職帶領團體工作坊，接受個別會談，寫作，塗鴉，與自己對話，與老公談戀愛，陪伴三個孩子成長。

歡迎到好心晴：http://www.shinehearthome.com，聊心療心！

認識守門人

療心卡 2 的繪者

♥ 洪筱筑。

♥ 小筑藝術工作室創辦人，致力於藝術教學與創作！

♥ 英國曼徹斯特藝術學院藝術碩士 (MA Fine Art)

♥ 國立臺灣師範大學美術系碩士 (西畫組)

♥ 小筑藝術工作室 FB：https://www.facebook.com/chu.light.studio

♥ 個人網站：https://hfslyy.wixsite.com/hunghsiaochu-art-c

♥ email：hfslyy@gmail.com

開門之前：使用療心卡 2 前的準備

這一套牌卡的設計主要不是為了占卜未來，而是為了反映當下關係裡的內心狀態。所以，無論是透過選牌或是抽牌，重要的是：我對一份關係的期待？我是否準備好面對，甚至是調整自己？我是否願意跟對方靠近？

當你調整好自己的心態，明白並非是牌卡本身具有特殊的力量，而是每個人心靈的影響，就可以更自由的活用這套牌卡，讓牌卡成為你的助手，而不是論斷或掌握你或操控關係的工具。

因此，你可以用自己喜歡的方式開始。可以先閱讀手冊，也可以先一一翻閱 42 張牌卡。當然，也可以透過抽卡，體驗療心卡 2 的趣味與奧妙。

除了手邊有一套療心卡 2，你也可以準備一條深色的布料。一方面可以在蓋牌推牌時保護牌卡，另一方面可以在翻牌時襯托出圖像的色彩。此外，你也可以透過「對話筆記」，寫下你對牌卡跟關係的感受、想法與期待，讓你可以進行更深入的探索！

最後，就是打開聆聽的耳朵，張大靈魂的眼睛，預備一個人際關係上的主題，讓療心卡 2 帶領你進入豐富的內在宇宙。

入門之後：如何使用療心卡 2

42 張療心卡 2，有一半的親密組及一半的衝突組，每一組都含有一張空白牌。你可以先瞭解每一張的牌義。你會發現，在每一張牌卡的意義說明中，還有相關延伸的意思。都是為了幫助你拓展，對於這張牌及關係內在樣貌的瞭解。所以，最重要的是在當下，找到你個人的詮釋與意義。也可以透過療心卡 2，更理解對方，打開溝通的管道。甚至可以使用「對話筆記」，讓雙方可以有更不同的交流與互動！

簡單來說，如果是自己一個人運用，可使用抽牌的方式來探索關係裡更深層的部分。雖然療心卡 2 的內容會更針對人際關係，但也可以作為更深度的自我對話，也就是把關係定義為我跟自己的內在小孩。

如果是雙方想要展開對話，則建議用選牌的方式來進行表達跟溝通。甚至可以搭配療心卡 1，用法更多元。

如果是運用「選牌」的方式，可以完全按照自己對於牌卡的解釋。但如果是運用「抽牌」的方式，則建議參考手冊內的牌義說明。

自我運用

在使用療心卡 2 作為關係探索的旅程之前，你可以先為自己預備一個安靜的環境，一個可以放鬆、不受干擾的空間。接著，你可以針對一段關係或一個最近的狀態，選牌或抽牌。選牌的方式可參考對話筆記。

以下分享抽牌的方式。

抽牌之前可以先靜下心來，做幾次深呼吸，讓自己將注意力放在這個過程。

你可以一起使用 42 張牌卡，就是將親密組與衝突組混合在一起，或者也可以分開來使用。當分成兩堆時，通常先抽衝突組，再抽親密組。

一般的抽卡程序是：

1. 想好一個困擾之後，洗牌，像清洗撲克牌一樣。一邊洗牌，一邊想著自己關心的問題。

2. 洗好牌之後，將所有牌的牌面朝下，推展開來，成為一個扇形。

3. 根據自己的需求，抽一張或數張牌卡。

4. 最後就是，讀牌與解牌。

5. 解完牌，對自己與這個困擾有深入的瞭解之後，其實更重要的是，如何在關係中開始療癒成長親近的歷程。

所以無論是想法的改變、情緒的抒解、行動的開展，都是為了讓自己在關係的不同層面，可以有所轉化及整合。

一張牌的運用

如果困擾比較小，可以只抽一張。當內在能量比較低的時候，建議只要拿出 21 張親密組，抽一張親密組，也就是比較不建議單獨抽衝突組。

抽牌之後，先不看手冊的解釋，信任你的直覺去感受這張牌對你的意義。

請先從牌義的文字部分開始。這個字詞會讓你聯想到哪些跟抽牌主題有關的事情？你會如何詮釋這個部分？接著，你可以透過牌面上的圖像來連結你或關係的狀態。這張圖讓你有什麼感覺？又會讓你想到什麼？

在進行自我探索時，你不妨用文字寫下你的感受與想法，會讓你找到更多的線索。除了對話筆記的問答，你也可以使用自由書寫的方式。

重點在於，透過療心卡 2 成為一種認識自己跟關係的工具。所以最重要的是，你發現了什麼，而不是透過牌卡得到未來的結果。

兩張牌的運用

你可以針對一段關係的困境或一個困擾,先抽一張衝突組,再抽一張親密組。衝突組可以幫助你更清楚自己的問題所在,而親密組則是為了提供一個方向或解決之道。你可以探索自己如何面對衝突或傷口,帶出這個狀況的光明面,或者透過親密組來給予自己支持跟關係中的力量。

而在生活中運用這些牌卡所蘊含的特質與力量,將會帶來更大的益處。所以在手冊的內容中,每一張牌卡除了牌義的解釋,還有提供一些後續的建議與指引,希望真正協助你踏上療癒與成長的歷程!

三張牌的運用

將療心卡 2 的兩組牌卡混合在一起使用,針對你較為困擾的問題或關係抽取三張牌卡。你可以先探索三張當中,讓你最有感覺的一張。

除了一張一張的解讀,重要的是找到這三張牌卡在這個困擾上的關連。也可以把三張牌卡當作一個故事,去深入瞭解你自己在關係中應對的模式。

關係的運用

當關係中的當事人願意一起進行對話跟探索時,可以使用選牌,也可以使用抽牌。

選牌的時候,有幾種不同的玩法。首先可以單純使用療心卡2的親密組。

把21張親密組的牌面朝上攤開,放在桌面上。彼此可以選出幾張牌,來作為表達。

例如:我對我們關係的期待?在我們關係當中,我喜歡的部分?我希望繼續維持的部分?一種是給予過去或目前的肯定與看見,另一種是表達對於未來的期許。

第二種方法可以把衝突組跟親密組,同時攤開在桌面上。

彼此可以選出幾張牌,分享的題目可以是:我覺得目前關係的現狀是?我想要改變的是?重點是雙方願意打開心門,透過療心卡2來進行更多內在的分享。

當對方運用選牌來進行表達,另一方也可以再透過選牌來回應。甚至也可以搭配療心卡1的選牌,也會有不同的收穫跟發現。當然,雙方也可以運用抽牌的方式。特別是針對同一個困擾時,可以輪流洗牌抽牌;或兩人各有一套療心卡2,就可以同時抽牌,看看彼此的潛意識會有什麼樣的回應。

助人工作者的運用 ⚊⚊⚊⚊⚊⚊⚊ ●●●

療心卡 2 可以做為一對一個別諮商會談，也可以作為親密關係，伴侶諮商、家族治療或團體工作時的工具。助人者的功能在於引導陪伴，也可以多一點牌義的解讀與說明。

透過療心卡 2 可以更快進入會談的主題，也可以在短時間進行，並達到與一般口語會談不同的效果。讓療心卡 2 成為你與個案溝通對話的橋梁與平台。

你可以協助個案藉由療心卡 2 來認識自己跟探索關係，另一方面你也同時透過個案自行抽牌的結果，來瞭解他與這個困擾的關連。如果是關係的雙方來進行談話，你也可以透過選牌的方式來促進雙方的表達與溝通。

在團體工作時，可以針對特定的主題，讓療心卡 2 成為互動的工具與媒材。你可以自行設計玩法，無論是根據牌義或圖像，藉由彼此的述說、分享、書寫或者塗鴉，引發團體的發展。

深願療心卡 2 是一個祝福的開始，協助你展開療癒與促進人際關係的旅程！

42 把心靈的鑰匙

關係親密組

促進關係的秘訣

🔑 第 1 把鑰匙

愛
Love

❗ 敲門暗號：

親密，靠近，熱情，慈悲

💬 開門心語：

愛是心靈最初最終，也是最根本
或者說是唯一的解答。

愛在哪裡，關係就在哪裡。

但如何在關係裡真正享有愛，如何讓彼此真的感受到愛。

愛不只是口頭的表達，也是行動的落實，更是心的回應。

抽到這張牌卡，表示此刻的關係正需要愛的滋養。

但首先是對自己的愛，喜歡自己的特質，接納自己那些看似不
足之處，享受自身活著的喜悅，知道自己是值得被愛的。

當對自己有愛，面對關係，也更能夠給出愛跟接收愛。

甚至有時候在關係裡看似愛不下去的時候，也才能夠用更大的
慈悲去看待。

🔒 入門密碼：

1. 實踐愛自己的行動。
2. 找到滋養關係的方法。
3. 藉由付出與接收，讓愛流動。

欣賞
Appreciate

欣賞
Appreciate

🚪 敲門暗號：

看見優點益處，接納彼此的不同

💬 開門心語：

彼此欣賞會帶來關係正向的循環。可以常常看見對方的優點，看見對方為這份關係，為自己所付出的，並時常表達這樣的肯定，都可以讓彼此更加靠近。

但核心是：我是否是個容易看見優點跟懂得自我肯定或讚賞對方的人？

如果容易帶著較高的標準或要求，或容易看見缺點，自然很難給出欣賞的態度。

抽到這張牌卡，表示此刻的關係需要欣賞的力量。

欣賞自己的好，欣賞對方的好，欣賞這份關係的存在與可貴。

欣賞會帶來接納支持的應對態度跟正向的肯定與表達。

欣賞也會帶來信任跟珍惜，甚至是對關係發展的信心。

所以，學會欣賞在關係當中，那些自己喜歡的，還有那些跟自己不同的吧！

🔒 入門密碼：

1. 找出對方或關係中正向的部分。
2. 接納或換個角度看見自己以為不夠好的部分。
3. 透過行動表達自己對對方的欣賞。

♀ 第 3 把鑰匙

坦誠
Be honest

坦誠
Be honest

❶ 敲門暗號：

說出真實，透明化，公開

💬 開門心語：

要跟一個人真正敞開自己，不一
定是容易的。

有時候因為過去的經驗，會讓人
害怕再次受傷，而過度自我保護。

或者害怕說出真實，會影響關係跟感情。

但就像我們希望對方可以跟自己坦白，雙方可以真誠說出內心
話，因為坦誠相見是關係親近的果實。

抽到這張牌卡，顯示此刻的關係需要坦誠的行動。

也許需要先克服自己想像的恐懼或過去的傷害，再一次願意打
開心門，跟對方說出自己的真實。

什麼是自己真正的想法跟感受？什麼是自己對關係的期待或經
驗？

坦誠不一定是說出負面的，包括好的部分也需要被訴說，被聽
見。

重點是，如何在關係中勇於呈現真實的自己！

🔒 入門密碼：

1. 探索有哪些話或哪些事，是沒有在關係中公開的。

2. 覺察自己需要被看見或聽見的心事。

3. 找時間好好跟對方表達。

原諒
Forgive

❗ 敲門暗號：

和解，包容，寬恕，放下舊傷

💬 開門心語：

因為是在意的關係，因為在對方面前敞開了心，所以，可能會因為對方有意無意的言詞或舉動而受到或大或小的傷。

如果有傷，請先療癒自己！

當自己的心癒合，才有足夠的力量應對跟相處。

而抽到這張牌，顯示目前需要決定自己是否要原諒對方跟放下過去。

當你可以原諒，你就不再是受害者。

當你選擇原諒，也不意味著自己比對方更完美或正確。

而是當我們選擇原諒，先放過的是因為受傷而糾結痛苦的自己。

願意原諒，是願意讓自己重新開始，讓關係再次前進。

更重要的是：我可以選擇把傷害化為養分，帶著更完整的自己，經營關係！

🔒 入門密碼：

1. 列出對方對自己造成的傷害。
2. 實踐可以療癒自己的方法。
3. 經驗原諒的歷程！

♀ 第 5 把鑰匙

呼求
Call

呼求
Call

❗ 敲門暗號：

表達需求與期待，求助

💬 開門心語：

當今的社會，總是無形鼓勵我們
要成為更強大而不能示弱的自己。
在關係當中，可能太過獨立，或
者過度照顧對方，而忘記自己的
需求，或者過度損耗自己的心力。

抽到這張牌卡，是提醒自己要記得呼求。

記得說出自己的需要，記得給自己休息的空間，記得還有人可
以幫助自己。

因為關係本來就是互相給予跟吸收，在互動中取得平衡。

就算是親子關係，父母也需要給自己休息的空間，也要讓另一
半知道自己的需要。

有些期待，只能自己滿足。

但在關係當中，如何因為有彼此而成就更多的幸福，如何讓對
方也有展現的舞台，才是關係經營的智慧與秘訣。

🔒 入門密碼：

1. 寫出自己當前想到的任何需求。

2. 分辨哪些是屬於自己的課題，哪些是屬於關係的。

3. 練習跟對方表達自己的需要吧！

🔑 第 6 把鑰匙

探險
Take adventures

❗ 敲門暗號：

新鮮, 嘗試, 突破, 挑戰

💬 開門心語：

一份關係要長久，需要懂得如何
保鮮！

一種是維持自己的活力，一種是
為關係注入新的動力。

探險是帶著好奇與有趣，發現過去沒注意的，或者踏入一個新
的領域。

抽到這張牌卡，是顯示目前的關係需要不同的元素。

也許是對自己的嘗試，也許是對對方的好奇，也許是對關係的
突破。

總之，做一些跟以前不一樣的事吧！

去不同的地方，嘗試新奇的活動，改變自己的穿著，調整行事
曆，打開更多的可能，迎接未知！

因為改變才是唯一的不變。

🔒 入門密碼：

1. 做一件自己未曾做過但想做的事。
2. 找尋對方某一個自己從未了解的面向。
3. 為關係創造一份新的記憶。

🔑 第 7 把鑰匙

歸零
Reset to zero

💬 敲門暗號：

初衷, 留白, 回到原點

歸零
Reset to zero

💬 開門心語：

就像自己有需要獨處的時候，有時候關係也需要留白的空間。

像是按下暫停鍵或是清除鍵，不刻意，不強求，不作為。

當那個留白出現，像是回到關係的最初，再一次去確認關係的核心。

抽到這張牌卡，是讓關係歸零的時候。

如果可以重來，什麼是自己想要保留的？什麼又是自己想要改變的？

如果回到初衷，什麼是自己對這份關係的期待？又願意如何經營？

當這樣重新沉澱之後，又如何帶來關係的新動力？

也許歸零是關係的結束，但也可能是新旅程的開始！

🔒 入門密碼：

1. 給予自己獨處跟關係留白的空間。

2. 找回自己對於關係的初衷。

3. 歸零之後，再開始行動！

感謝
Be grateful

! 敲門暗號：

珍惜, 守護, 支持

💬 開門心語：

感謝是一種態度，也是一種行動！
感謝來自看見自己所擁有的，對
方所付出的，無論大小輕重。

感謝會帶來關係的和諧，內在的寧靜喜悅。

抽到這張牌卡，是學習感謝的時候。

練習感謝，感受這樣的狀態跟比較與抱怨所帶來的差別。

沒有所謂理所當然的關係，所有關係都需要經營。

不是等到擁有才感謝，而是看到存在本身的美好。

不是等到有好結果才感謝，而是看到過程中經歷的都是祝福。

感謝自己，感謝對方，感謝這樣的相遇！

🔒 入門密碼：

1. 列出對自己，對過往生命歷程的感謝。

2. 列出對對方的感謝。

3. 把感謝化為行動！

🔑 第 9 把鑰匙

等待
Wait

❗ 敲門暗號：

耐心，給予時間，給予成長的空間

💬 開門心語：

關係的發展如同一個過程，從認識到親密，也可能從衝突到修復。

有時候是雙方都需要成長的空間，

有時候是關係面臨了停滯的階段。

抽到這張牌卡，表示此刻需要學習等待。

也許是等待自己，也許是等待對方，也許是等待雙方如何往前推進這份關係。

但等待不代表是消極或被動的，而是給予彼此信任，給關係空間，給予那個準備好了的時機。

多一點耐心，放下急躁與擔憂。讓等待打開關係發展的新契機！

🔒 入門密碼：

1. 列出自己要如何等待的方法。
2. 懂得在等待之時，照顧好自己。
3. 預備自己邁向關係的下一個階段！

信任
Trust

信任
Trust

🔔 敲門暗號：

相信，接納，敞開

💬 開門心語：

信任是建立跟維繫關係當中很重
要的元素。

信任會帶來安全感，也會帶給對
方支持與肯定。

信任幫助我們有力量繼續經營這份關係。

抽到這張牌卡，請給予對方跟關係更多的信任吧！

檢視自己沒有安全感或懷疑的原因，是來自自己過去的陰影還
是對方的回應或是現實的挑戰？

信任不是盲目的相信，也不是因為應該，而是在互動中真實的
經驗累積。

所以，不只是因為願意相信，而是在關係當中，逐漸建立屬於
你們信任的基礎吧！

🔒 入門密碼：

1. 探索自己過去對關係的信任課題。
2. 建立自己的安全感。
3. 好好營造關係的信任基石。

♀ 第 11 把鑰匙

遊戲
Play

遊戲
Play

❶ 敲門暗號：

歡樂，有趣，放鬆

💬 開門心語：

歡樂，放鬆是促進一段關係感到喜悅自在的元素。

相反的，當一段關係處在緊張衝突的狀態，自然會造成負面情緒的累積，跟身心的壓力。

抽到這張牌卡，是需要把遊戲的品質帶入關係的時候。

這並不意味著用輕浮的態度看待關係，而是把更多歡樂，有趣，放鬆的能量，透過行動，轉化關係的樣貌。

例如：一起玩耍，一起找回童心，一起做一些不那麼嚴肅或應該做的活動。

不用理性的計劃或安排未來的發展，而是讓身體自然舞動，讓心情活躍開朗，讓彼此享受好玩與自在！

🔒 入門密碼：

1. 為自己做一件有趣的事。
2. 讓彼此一起進行一個好玩的活動。
3. 持續用歡樂的能量經營關係。

溝通
Communicate

溝通
Communicate

! 敲門暗號：

表達，聆聽，交流分享

💬 開門心語：

溝通不只是一個人說，一個人聽。

溝通更不是告知或要求或一定要達成某種結果。

溝通是彼此雙方有來有往，平等的對話。

抽到這張牌卡，顯示目前的關係需要好好的溝通。

良好的溝通需要彼此願意，需要一個適當的時機，甚至需要學習溝通的方式。

除了語言的表達，也可以透過文字，甚至非語言的身體姿態、語氣表情，都會影響溝通的歷程。

溝通是關係經營當中，時時刻刻的功課！

🔒 入門密碼：

1. 檢視自已過去溝通的狀態，找出可以更好的方法。
2. 檢視彼此過去溝通的樣貌，找出可以更好的方法。
3. 一起練習跟學習如何好好溝通。

♀ 第 13 把鑰匙

流動
Flow

! 敲門暗號：

彈性，成長，平衡

💬 開門心語：

什麼時候關係像是停滯一般，無法前進？

或因為什麼原因讓關係了無生氣，如同例行公事？

關係的發展就像個人會改變一樣，特別當對方改變的時候，自己又要如何回應？

抽到這張牌卡，顯示目前的關係需要流動的能量。

也就是把改變創造的元素帶入關係當中，讓關係找到活水的泉源，可以生生不息！

但首先還是自己的改變與流動，探索自己想要移動的方向，嘗試一點不同的方式，讓行動帶領你的下一步。

🔒 入門密碼：

1. 覺察自己或對方或關係當中改變的動力。
2. 探索自己想要移動的方向。
3. 嘗試一種新的行動

負責
Be responsible

第14把鑰匙

負責
Be responsible

敲門暗號：

承諾，承擔，自主，成熟

開門心語：

即便在關係當中，個人還是有自己的領域，界線與責任。

關係的親密不代表為對方承擔屬於他的責任，或要對方承擔自己的成長任務。

但，除了為自己負責，當彼此願意為這段關係的品質負責，也就讓關係有了穩定發展的基礎。

抽到這張牌卡，顯示這份關係需要彼此的承擔與承諾。

你願意為這份關係付出多少？你願意放下多少自己的想要而學習如何珍惜對方？你願意對這份關係承擔或承諾什麼？

同樣的，這也是對方的責任。

享受自主成熟的關係狀態吧！

入門密碼：

1. 釐清彼此在關係中的責任。
2. 溝通彼此在關係中的角色任務。
3. 學習承諾，承擔與負責

♀ 第 15 把鑰匙

尊重
Respect

尊重
Respect

❗ 敲門暗號：

平等，共好，雙贏

💬 開門心語：

尊重是一種態度，也會帶出行動。
尊重是看重對方的價值，也看重
自己，讓彼此在平等的狀態中溝
通相處。

尊重會帶來關係的和諧，也會讓關係持續流動。

抽到這張牌卡，是需要把尊重的品質帶入關係的時候。

如何看重自己也看重對方？如何在意見不同的時候聆聽彼此？

如何避免隱形的權力爭奪？如何在平等的位置上溝通交流？

「我好，你也很好」、「我重要，你也同樣重要」、「我可能
是對的，你也可能沒有錯」、「我們有所不同，也有所相似」，
這是關係相互尊重的寫照。

🔒 入門密碼：

1. 學習看重自己，也看重對方。
2. 學習平等的溝通交流。
3. 學習如何共好與雙贏。

道歉
Apologize

道歉
Apologize

❗ 敲門暗號：

承認錯誤，承擔後果

💬 開門心語：

每個人都不完美，都有可能犯錯，

甚至傷害到自己所愛的人。

願意承認自己的錯誤，承擔後果，

也代表對這份關係的看重。

抽到這張牌卡，是需要表達歉意的時候。

「對不起」跟「我愛你」同樣可以滋潤關係。

道歉並非為了對方的原諒，而是看見自己的作為如何造成關係
的裂痕或對方的心碎。

道歉並非是因為我們不符合對方的期待，而是願意修正自己對
關係負面的影響。

道歉也不代表自己不夠好或是地位低下，而是願意讓愛重新在
關係中流動。

🔒 入門密碼：

1. 覺察自己對關係的負面影響或對對方的傷害。

2. 真心誠意的道歉。

3. 讓道歉帶來後續修復或改變的行動！

† 第 17 把鑰匙

自由
Be free

❗ 敲門暗號：

給彼此空間，允許做自己

💬 開門心語：

關係的巧妙是兩個獨立自主的人可以好好在一起。

即便是親子關係，終有一天，父母必然要懂得放手。

可以在關係當中，自在的成為自己，但又並非以自己為主，是彼此懂得平衡與尊重的藝術。

抽到這張牌卡，是關係需要更多自由的時候。

給彼此空間，不會因為對方的期待或害怕失去關係而扭曲自我，讓彼此都可以做自己真實的樣子，卻依舊可以享受關係的親密。

讓自己自由，也讓對方自由！

🔒 入門密碼：

1. 探索自己真正的樣貌。
2. 覺察自己在關係當中自在自由的程度。
3. 允許彼此在關係當中有成為自己的自由

第 18 把鑰匙

接納
Accept

接納
Accept

🚪 敲門暗號：

溫柔，接受，寬容，包容

💬 開門心語：

關係的相處不會只有自己喜歡的部分，也會出現自己不喜歡或跟自己不同的部分。

如何在彼此的差異中找到平衡，需要接納的心態與行動。

接納是帶著一種溫柔，接受自己跟對方當下的樣貌，以更大的包容看待彼此。

抽到這張牌卡，顯示在關係當中需要更多的接納。

從接納自己開始，也接納對方跟自己期待的不同，接納關係發展的可能性。

接納那些好的，也接納那些我們以為不好的，因為當彼此願意敞開心，為關係打開一個更大涵養的空間，也就更可以享有深度的親密與流動！

🔒 入門密碼：

1. 列出自己對對方或關係，不喜歡或不滿意的地方。
2. 學習接納彼此的不同。
3. 感覺當心變得更敞開溫柔，會對關係帶來什麼樣的影響

♀ 第 19 把鑰匙

願景
Vision

❗ 敲門暗號：

共識，迎向未來

💬 開門心語：

什麼是這份關係的願景？什麼是
你們彼此對關係未來的期待？
在未來的生活中，這份關係對你
有什麼意義？對方是否是重要的一分子？
抽到這張牌卡，顯示這份關係需要未來的願景。
因為有願景，有共識，就可以促進這份關係向前發展。
為了彼此都想要成就的，為了彼此都共同渴望的，溝通、討論、
籌劃願景的實現，像是共同踏上美夢成真的旅程，而更能締造
夥伴般的親密。
一起攜手迎向未來吧！

🔒 入門密碼：

1. 具體列出彼此對未來的願景。
2. 溝通如何實現願景的方法。
3. 共同完成實現願景的行動。

祝福
Bless

❗ 敲門暗號：

善意，守護，好的循環

💬 開門心語：

祝福是一種善意的態度，也會帶來給予的行動。

祝福是對對方深層的愛，不是為了符合自己的期待。

祝福是對彼此生命本質的肯定與尊重。

抽到這張牌卡，就把祝福的好能量帶進關係中吧！

祝福自己，祝福對方，祝福這份關係。

並非以個人的利益為出發，而是把天地間的真善美，把人世間的喜悅與愛，祈願落實在彼此之間。

祝福是單純的許願與祈禱，願我們有愛，願我們安好！

🔒 入門密碼：

1. 用言語、行動祝福自己。
2. 用言語、行動祝福對方。
3. 用言語、行動祝福這份關係。

🔑 第 41 把鑰匙

關係親密
Intimacy

❗ 敲門暗號：

任何可以促進人際關係更加親密的元素

親密
Intimacy

💬 開門心語：

每個人的特質、生命歷程與當下的學習主題都不相同，所以一定有更多適合不同人促進關係的秘訣。

抽到這張空白牌，請憑當下的直覺，給出一個讓關係更加親近的好能量。

那正是目前彼此最需要的。

🔒 入門密碼：

1. 直覺地給予關係一個更加親密的方法。
2. 直覺地想像一個關係更加靠近的圖像或畫面。
3. 為關係帶進更多成長的養分吧！

42 把心靈的鑰匙

關係衝突組

解鎖關係的秘訣

第 21 把鑰匙

舊傷
Old wound

敲門暗號：

過去的傷害、舊有的模式，原生家庭的影響

開門心語：

人難免受到過去的影響，特別當以往的傷害沒有療癒，舊有的模式沒有改變，就會在新的關係中複製跟重演。

此外，原生家庭的影響也很容易帶進親密關係當中。

兩個人來自不同的原生家庭，有時候並非刻意爆發衝突，而是彼此觸動了原生家庭的規條或地雷。

抽到這張牌卡，顯示問題與過去的傷害有關。

到底是原生家庭的模式？還是過去人際經驗的烙印？都值得細細探究。

正因為對方成為我們的鏡子，我們更可以去覺察過往的影響。

可以面對，可以療癒，可以重新選擇跟決定，新的方向跟方式。

現在可以改變過去的影響，就能夠改變未來的發展。

入門密碼：

1. 探索過去的經驗對自己目前的影響。
2. 分辨什麼是過去經驗的陰影，什麼才是現在的情境。
3. 一步一步學習：面對，覺察，療癒，重新選擇。。

⚿ 第 22 把鑰匙

自私
Being selfish

❗ 敲門暗號：

以自己利益為先，只想到自己，
忽視對方，不平等待遇

💬 開門心語：

正因為所謂的關係是成就兩個人
的世界，如果其中一方只考慮到

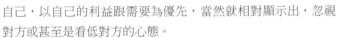

自私
Being selfish

自己，以自己的利益跟需要為優先，當然就相對顯示出，忽視
對方或甚至是看低對方的心態。

而這絕對會帶來關係的不平等與衝突。

抽到這張牌卡，代表自私對關係帶來的負向影響。

當然，一味討好對方，把對方放在第一順位，也不是關係相處
之道。

此時可以好好覺察自己在關係中，如何取得我的需要跟對方的
需要之間的平衡。

🔒 入門密碼：

1. 探索兩人在關係中，是以自己為主，還是對方為主，還是彼
   此可取得平衡。
2. 探索這樣的互動模式背後真正的需求。
3. 學習如何享受平等的關係。

第 23 把鑰匙

曖昧
Being ambiguous

🔔 敲門暗號：

雙重訊息、不清楚要與不要，不願意決定與承擔結果

💬 開門心語：

有時候某些關係處在不明朗的狀態，不確定目前是什麼樣的關係，也不清楚未來的發展。

甚至其中一方刻意或無意保持這種模糊的互動，也可能是因為害怕承擔後果或不想做出決定與承諾。

抽到這張牌卡，代表曖昧的狀態無益關係的發展。

也許是需要確認彼此的角色，也許是需要確認角色背後的任務或分工。

例如：這段關係要朝向哪裡發展嗎？還是即便已經是確定的關係，但什麼樣的互動方式會更適合彼此？

打破曖昧，無論是前進或後退，至少都不用原地踏步。

🔒 入門密碼：

1. 探索自己在曖昧之下真正的恐懼或擔憂。
2. 確認自己真心想要的。
3. 找機會跟對方確認核對，表達與溝通。

第 24 把鑰匙

利用
Exploit

❗ 敲門暗號：

為了利益好處，不顧他人，虛假
的，耍心機手段的

💬 開門心語：

為了某些利益好處，而刻意或無
意的使用某些心機手段，以人際
關係的名義，運用了原本屬於別人身上的資源。

問題就是以感情之名，模糊了界線分寸。

抽到這張牌卡，代表利用的行為導致關係的裂痕。

因為是在意的關係，所以我的可能會變成你的，你的也可能可
以變成我的。

但這是基於雙方的共識與願意。

倘若沒有對方的允許，或對方沒有經過你的同意，那就會帶來
一方的傷害與關係的衝突。

🔒 入門密碼：

1. 覺察你怎麼看待「利用」與「被利用」。
2. 檢視在你們的關係中，是如何出現這樣的互動。
3. 如何面對這樣的事件帶來的影響。

♦ 第 25 把鑰匙

防衛
Being defensive

防衛
Being defensive

❗ 敲門暗號：

保持距離，漠視感覺，封閉自己，
害怕受傷

💬 開門心語：

關係需要靠近，代表著願意對對
方打開自己。

相對的，保持距離，懷疑對方，
同時，封閉自己，漠視自己的感受，自然無法促進關係的發展。
這背後有可能是一種慣性的模式，或者還無法信任對方，或者
害怕再次受傷。

抽到這張牌卡，呈現出這樣的狀態與問題。

重點是：是否希望關係更加親密呢？

關係要靠近，自然要打開彼此的心。

正因為冒著心碎的風險，才能經歷關係的甜美！

🔒 入門密碼：

1. 多去感受自己的身心反應跟情緒，讓心再次流動。
2. 療癒過去的傷害與建立自己的安全感。
3. 嘗試在關係中更多開放與信任。

♀ 第 26 把鑰匙

欺騙
Cheat

❗ 敲門暗號：

說謊，不真實的，扭曲真相

💬 開門心語：

坦誠跟信任，是帶來關係安全感
的關鍵。

但相對的，因為害怕對方的反應
而說謊。

或者是自己或對方因為某些狀況，沒有說出真實，甚至是扭曲
真相，都會帶來關係的裂痕。

一個謊，需要更多的謊來遮掩。

抽到這張牌卡，顯示關係當中出現了這樣的問題。

究竟是誰欺騙了誰？是善意的謊言還是惡意的隱瞞？

這樣的隱藏又能持續多久？

記得，想要長久穩固的關係，需要看見彼此的真實！

🔒 入門密碼：

1. 如果問題來自自己，覺察無法說出真實背後真正的原因。
2. 如果問題來自對方，覺察自己所受到的影響。
3. 找出能夠彼此坦誠的契機與機會。

第 27 把鑰匙

厭倦
Being tired

厭倦
Being tired

❗ 敲門暗號：

厭煩，疲憊，失去力量與熱情

💬 開門心語：

有時候是時間，沖淡了關係的熱情。

有時候是彼此忙於其他事務，身心失去了活力。

有時候是對關係太過付出或遲遲沒有滿足期待，久了感到疲乏。

抽到這張牌卡，顯示關係目前面臨了這樣的挑戰。

除了需要讓自己休息，也要讓彼此有喘息恢復的空間。

因為關係的經營來自雙方，想要再次為關係注入能量，就需要讓自己得到滋養。

休息夠了，就有再度往前的動力。

🔒 入門密碼：

1. 覺察自己或對方對關係厭倦的真正原因。
2. 先找出讓自己獲得活力養分的方式。
3. 再次為關係找到新的動力

🕯 第 28 把鑰匙

背叛
Betray

🔔 敲門暗號：

違背承諾，離棄，不貞，暗地裡
的作為

💬 開門心語：

背叛比欺騙更有殺傷力。

欺騙是言語的操弄，背叛是實際
違背關係的作為。

每個人對背叛的定義跟影響程度不同。

有可能是累積的不滿，也有可能是一次性的傷害。

抽到這張牌卡，顯示目前關係當中出現了這樣的衝突。

誰都不希望遭到背叛，但相對的，無論是人的因素或是關係出
現裂痕，遇到了總要面對。

記得，危機就是轉機。

在關係的修練場，越大的痛楚會帶來越大的成長。

🔒 入門密碼：

1. 覺察自己對於背叛的任何想法與感受。

2. 覺察自己如何看待關係當中的背叛與影響。

3. 找到自己面對的力量與應對的方法

† 第 29 把鑰匙

抱怨
Complain

! 敲門暗號：

責怪他人，覺得無力，不想承擔
責任，永遠都不夠

💬 開門心語：

在關係當中容易抱怨，也就是看
不到對方的付出跟優點，或顯示
出對關係的不滿意。

但這種應對，會無形中造成關係的磨損，降低感情的甜味。

抱怨不是嘮叨，更不是正向的建議或回饋。

抽到這張牌卡，代表抱怨成為關係中衝突的來源。

畢竟誰都不喜歡一直接收到被責怪或嫌棄的語言跟表情。

也很容易激發對方防衛或攻擊的回應。

所以，停止抱怨吧！

想要什麼樣的關係就從自己可以改變的地方開始！

🔒 入門密碼：

1. 覺察抱怨背後真正的渴望或意圖。
2. 說出彼此對關係真正的期待。
3. 學習如何看見跟欣賞關係中的美好。

第 30 把鑰匙

操縱
Manipulate

！敲門暗號：

玩弄，擅長心理遊戲，把人工具化

💬 開門心語：

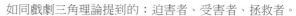

在關係裡玩弄心理遊戲，是一種戲劇化的自我預言。

如同戲劇三角理論提到的：迫害者、受害者、拯救者。

在關係中，究竟彼此扮演什麼樣的角色呢？

是誰在操縱關係的發展跟對方的情緒行為？甚至導致情緒勒索呢？

抽到這張牌卡，顯示關係當中的衝突跟張力。

記得彼此都有責任，因為關係不是獨角戲。

但要解開操縱的模式，需要更深的自我覺察與療癒，更需要彼此的坦誠與溝通。

如果不透過操縱的方式，還有什麼方式可以得到對方的注意跟愛呢？

🔒 入門密碼：

1. 探索在操縱背後彼此的心理遊戲機制。

2. 覺察自己在操縱模式背後對關係真正的期待。

3. 找到自我療癒的方法跟重新學習不同的相處模式。

♀ 第 31 把鑰匙

掌控
Control

❗ 敲門暗號：

想要主導，掌握權力，害怕失控

💬 開門心語：

希望能夠掌控對方跟關係的發展，
或者希望主導權在自己手上，就
不免會做出相對應的行為。

例如從相處的時間地點、對方的
穿著喜好、到情緒反應等等，都想要由自己決定跟掌握。

背後可能是害怕面對失去控制的感覺，跟擔心結果不如自己的
期待想像。

抽到這張牌卡，顯示出關係當中有這樣的動力。

但無論是一方想要掌控對方，或者雙方都希望控制彼此，這樣
的模式並不會帶來關係的親近，甚至可能陷入對方想要掙脫、
防衛或抗拒攻擊的反應。

真正的關係經營需要彼此放下自己的堅持跟想要，學習相互成
就！

🔒 入門密碼：

1. 看見自己或對方用什麼樣的方式想要掌控彼此或這份關係。
2. 嘗試放下掌控後，覺察自己更深的情緒跟需求。
3. 給予對方跟關係，更多自由發展跟自在互動的可能性

第 32 把鑰匙

攻擊
Attack

❗ 敲門暗號：

互相傷害、自傷、論斷批判

💬 開門心語：

也許是言語的攻擊或者是肢體的
衝突，也或許是隱藏的一種心態。
一來可能是覺得需要自我保護，
二來可能是因為過去的陰影而把
對方視為假想敵。

也有可能是在關係中的自我攻擊，把自己當作受害者。

抽到這張牌卡，顯示關係中出現這樣的狀態模式。

攻擊之後，必然有人受傷。無論是自己或對方，甚至是兩敗俱
傷，對關係的發展自然無益。

如果是為了自我保護的反擊，真的需要好好檢視這段關係的存
在必要。

如果是覺得需要攻擊對方，可能根源於自己過往負面的經歷，
需要好好清理療癒。

如果是自我傷害的攻擊，更需要好好面對自己的模式，而非讓
對方落入拯救者的戲劇腳本。

🔒 入門密碼：

1. 看見自己或對方如何使用攻擊的模式。

2. 找到攻擊模式的根源，好好清理跟療癒。

3. 重新建立自己對自我跟關係的信任與安全感。

♀ 第 33 把鑰匙

越線
Cross the line

越線
Cross the line

❗ 敲門暗號：

**界線不清，過度承擔，失去平衡，
不知道如何拒絕或要求**

💬 開門心語：

身體的界線跟心理的界線，都是
人際關係中重要的課題。

也就是什麼是我的，什麼是你的，
什麼又是彼此可以交換或融合的。

即便是再親近的關係，也代表雙方是獨立的個體，可以決定自
己的界線範圍。

抽到這張牌卡，代表關係當中有界線不清的狀態。

可能是一方侵犯一方的界線，或者是相對一方不知道如何堅守
自己的界線。

無論是過度承擔對方的責任或是不知道如何拒絕，界線不清會
導致關係的失衡跟疲乏。

簡單來說，當你覺得被侵犯、不舒服，非真心樂意，可能就是
彼此界線模糊的提醒。

🔒 入門密碼：

1. 檢視自己在身心跟生活方面的界線領域或底線。
2. 如何知道對方踩線越線，或自己可能踩線越線。
3. 討論雙方共同認可的界線範圍

♀ 第 34 把鑰匙

僵化
Being stiff

! 敲門暗號：

**習慣，缺乏彈性，不容易改變，
害怕嘗試**

💬 開門心語：

當兩人相處久了，習慣對方，也
建立某些固定的模式，關係也可
能進入停滯期。

缺乏彈性跟新鮮，會導致關係的僵化或互動的無趣。

但人跟環境其實是一直在改變的，關係也是。

抽到這張牌卡，顯示目前的關係陷入僵化的局面。

一方面可以用穩定來形容，但另一方面也代表關係缺乏新的元
素。

如果不再感到好奇，就像失去了活力的滋味。

並非是平淡不好，而是這樣的僵化會讓關係無法前進改變，反
而阻礙關係的更多發展。

🔒 入門密碼：

1. 檢視關係當中有哪些固定的互動模式。
2. 保持好奇，嘗試用新的角度來看待對方。
3. 學習新的互動方式，為關係帶來不同的活力。

👆第 35 把鑰匙

依賴
Rely

依賴
Rely

❗ 敲門暗號：

過度依靠別人，無助無力的，錯誤的連結，上癮

💬 開門心語：

雙方可以相互支持，會增進關係的靠近。

但即使是在很親近的關係中，我們都還是獨立的個體。

當雙方可以成熟為自己負責，就更能夠享受關係的美好。

而倘若一方無意或刻意的依賴，讓自己扮演受害者或無能者，就容易造成關係的失衡。

抽到這張牌卡，顯示出依賴造成了關係的問題。

如同獨立也是一個問題，太過依賴，甚至是對關係的上癮，都會讓另一方承擔過度的責任。

我好，你也好，才是關係親近的福祉。

🔒 入門密碼：

1. 檢視自己依賴的緣由。若有來自過往的模式，請先清理療癒。
2. 學習找回自己的力量跟成熟的負責。
3. 在獨立與依賴之間，找到關係的平衡。

⚷ 第 36 把鑰匙

競爭
Compete

❗ 敲門暗號：

權力鬥爭，比較，為了證明自我
能力與價值，害怕失敗

💬 開門心語：

競爭是一種為了生存，為了證明
自己的能力價值而對應的行為。

無論跟對方的關係是否親近或疏離，都有可能落入競爭的劇本。
想要贏過對方，證明自己是對的或更好的，無論是檯面上的競
爭或是私底下的小動作，自然就是希望對方相對失敗或成為弱
勢的那方。

抽到這張牌卡，顯示關係當中出現這樣的衝突。

如果不是合作互好的關係，當競爭出現在彼此之間，自然就不
會雙贏，對關係的靠近也不會有所助益。

特別要留意隱藏的權力鬥爭與比較，也就是沒有意識到的競爭
心態。

記得，我們渴望靠近的是關係，而不是為了自己的成就。

🔒 入門密碼：

1. 覺察在關係中的競爭心態或作為。
2. 療癒自己需要透過競爭而取得的自我肯定。
3. 找回關係中相伴互好的交流方式。

♀ 第 37 把鑰匙

報復
Revenge

❗ 敲門暗號：

因為失落受傷而刻意傷害對方，
兩敗俱傷

💬 開門心語：

報復是一種失落受傷後的行為。

有可能是報復傷害自己的人，也

有可能是報復得到自己沒得到的另一方。

因為失落受傷，想要讓對方或另一方也感受同樣的痛苦。

抽到這張牌卡，顯示關係當中出現了這樣的暗流。

其實說穿了，就是想要傷害對方，想要贏回自己的正義或得到
自己預期的結果。

但即便報復成功，也只是帶來一時的快樂。

因為報復從來不會拉近彼此的距離，甚至可能導致兩敗俱傷的
結局。

🔒 入門密碼：

1. 覺察自己或對方出現報復心態的緣由。

2. 療癒自己在關係當中的受傷與失落。

3. 重新建立關係靠近的方法與管道。

虧欠
Being remorseful

❶ 敲門暗號：

自覺有錯，後悔，罪疚感

💬 開門心語：

無論是在關係中傷害對方或做錯
了事，讓對方失望，虧欠會成為
關係的引爆點，主要是因為沒有
好好梳理跟道歉，或者沒有獲得原諒。

如果一直把虧欠的感受放在關係當中，就像是帶著罪疚感，關
係自然會走味失衡。

抽到這張牌卡，顯示關係當中出現了這樣的元素。

既然有錯，就好好彌補。

更重要的是，好好說明溝通，好好道歉，好好走過原諒的歷程。

如果真的無法繼續這段關係，就好好放下。

🔒 入門密碼：

1. 覺察自己或對方出現虧欠心態的緣由。
2. 虧欠的一方學習好好的溝通與致歉。
3. 被虧欠的一方學習好好療傷與放下。

🔑 第 39 把鑰匙

嫉妒
Envy

❗ 敲門暗號：

失落，吃醋，看到別人擁有而自己沒有，隱藏的恨意

💬 開門心語：

因為有另一方的存在，難免就有了比較。有了比較，就可能出現嫉妒。

看見別人擁有而自己沒有的，或看見對方對別人比較好，不免冒出吃醋或失落的情緒。

嫉妒就像不時冒出的毒液，會慢慢侵蝕彼此的關係。

抽到這張牌卡，顯示關係當中出現了這樣的心態。

但解藥是自己的自我肯定，更核心的是對自己的愛。

知道自己有自己的好，也欣賞別人有不同的好。

有足夠的安全感可以坦然看待每個人都有自己的好壞，每段關係都有當下的特別。

🔒 入門密碼：

1. 覺察自己或對方出現嫉妒心態的緣由。
2. 學習如何看到自己的優點，找回自我肯定的力量。
3. 學習欣賞別人的優點，找回關係中共好的平衡。

勒索
Extort

勒索
Extort

❗ 敲門暗號:

威脅，恐嚇，目的性的手段

💬 開門心語:

看似自己是受害者，把對方的在意當作手段，用各種方式進行威脅恐嚇。

這也是一種控制，代表自己在關係中處於較高的位置，可以讓對方順從自己的要求。

抽到這張牌卡，顯示在關係當中出現這樣的元素。

你也曾經遇過情緒勒索嗎？或你會不自覺的對別人情緒勒索？

這樣的方式絕對無法維繫關係，更會造成關係的疏離與衝突。

如果是被勒索的一方，需要好好釐清跟療癒，找出對應解套的方式。

如果是勒索的一方，請好好覺察自己的模式，好好先學習如何善待自己。

🔒 入門密碼:

1. 覺察自己或對方使用勒索的模式。
2. 療癒自己在這樣的相處中所引發的負面身心狀態。
3. 重新檢視這份關係，找到繼續維繫的健康之道。

🔑 第 42 把鑰匙

關係衝突
Conflict

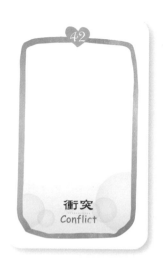

❗ 敲門暗號：

任何影響人際關係親近的元素

💬 開門心語：

每個人在關係中所經歷的都不相同，冷暖感受，最清楚的還是自己。

抽到這張牌卡，相信你心中的直覺吧！

究竟是什麼造成關係的衝突與阻礙，正視面對，就有改變跟選擇的機會。

衝突並不可怕，重要的是心是否願意打開跟靠近！

🔒 入門密碼：

1. 寫下任何對於這段關係的期待。
2. 寫下任何關於目前問題的想法。
3. 找出突破盲點跟衝突的一小步行動。

療心卡 2

作　　　者／周詠詩
牌 卡 繪 者／洪筱筑
美 術 編 輯／申朗創意

總　　編　　輯／賈俊國
副 總 編 輯／蘇士尹
編　　　輯／高懿萩
行 銷 企 畫／張莉滎・黃欣・蕭羽猜

發　　行　　人／何飛鵬
法 律 顧 問／元禾法律事務所王子文律師
出　　　版／布克文化出版事業部
　　　　　　台北市中山區民生東路二段 141 號 8 樓
　　　　　　電話：(02)2500-7008　傳真：(02)2502-7676
　　　　　　Email：sbooker.service@cite.com.tw
發　　　行／英屬蓋曼群島商家庭傳媒股份有限公司城邦分公司
　　　　　　台北市中山區民生東路二段 141 號 2 樓
　　　　　　書蟲客服務專線：(02)2500-7718；2500-7719
　　　　　　24 小時傳真專線：(02)2500-1990；2500-1991
　　　　　　劃撥帳號：19863813；戶名：書蟲股份有限公司
　　　　　　讀者服務信箱：service@readingclub.com.tw
香港發行所／城邦（香港）出版集團有限公司
　　　　　　香港九龍九龍城土瓜灣道 86 號順聯工業大廈 6 樓 A 室
　　　　　　電話：+852-2508-6231　　傳真：+852-2578-9337
　　　　　　Email：hkcite@biznetvigator.com
馬新發行所／城邦（馬新）出版集團 Cité (M) Sdn. Bhd.
　　　　　　41, Jalan Radin Anum, Bandar Baru Sri Petaling,
　　　　　　57000 Kuala Lumpur, Malaysia
　　　　　　電話：+603- 9057-8822　　傳真：+603- 9057-6622
　　　　　　Email：cite@cite.com.my
印　　　刷／卡樂彩色製版印刷有限公司
初　　　版／2022 年 7 月
初 版 二 刷／2023 年 12 月
售　　　價／1280 元
I S B N／978-626-7126-45-5

城邦讀書花園　布克文化
www.cite.com.tw　WWW.SBOOKER.COM.TW